BABYSITTING COUPONS

This book contains coupons which will be used for providing a babysitting service.
Please enter a child's personal data (name, age, especially favourite activities).

....

....

....

A coupon for

BABYSITTING

• • • • • • • • • ❖ • • • • • • • • •

Offer is valid

from _____ *to* _____ .

A coupon for
BABYSITTING

Offer is valid

from _____ to _____ .

A coupon for

BABYSITTING

•••••••• ❖ ••••••••

Offer is valid

from _____ *to* _____ .

A coupon for
BABYSITTING
• • • • • • • • ❖ • • • • • • • •
Offer is valid
from _____ to _____ .

A coupon for
BABYSITTING
• • • • • • • • • ❖ • • • • • • • •
Offer is valid
from _____ to _____ .

A coupon for
BABYSITTING
• • • • • • • • ✦ • • • • • • • •
Offer is valid
from _____ to _____ .

A coupon for

BABYSITTING

· · · · · · · ❖ · · · · · · ·

Offer is valid

from _____ to _____ .

A coupon for

BABYSITTING

•••••••• ❖ ••••••••

Offer is valid

from _____ *to* _____ .

A coupon for
BABYSITTING
• • • • • • • • ✦ • • • • • • • •
Offer is valid
from _____ to _____ .

A coupon for

BABYSITTING

· · · · · · · · · ❖ · · · · · · · · ·

Offer is valid

from _____ to _____ .

A coupon for
BABYSITTING
• • • • • • • ❖ • • • • • • •
Offer is valid
from _____ to _____ .

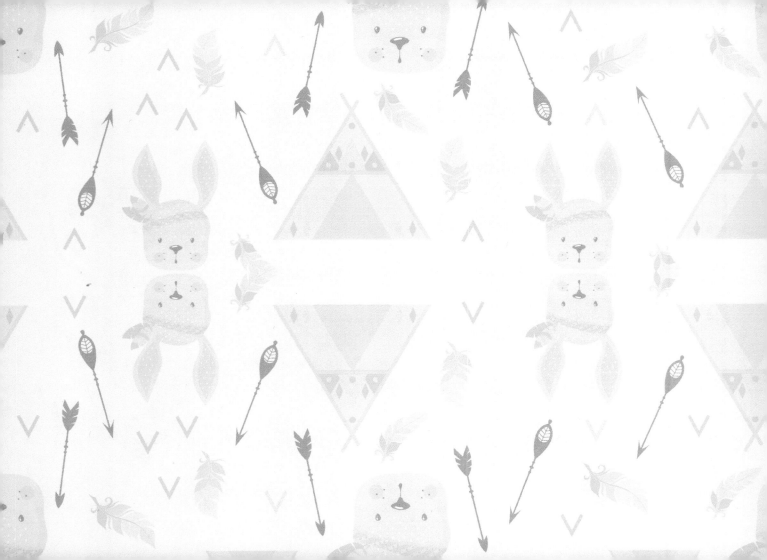

A coupon for
BABYSITTING
• • • • • • • ❖ • • • • • •
Offer is valid

from _____ *to* _____ .

A coupon for
BABYSITTING
• • • • • • • • ❖ • • • • • • • •
Offer is valid

from _____ to _____ .

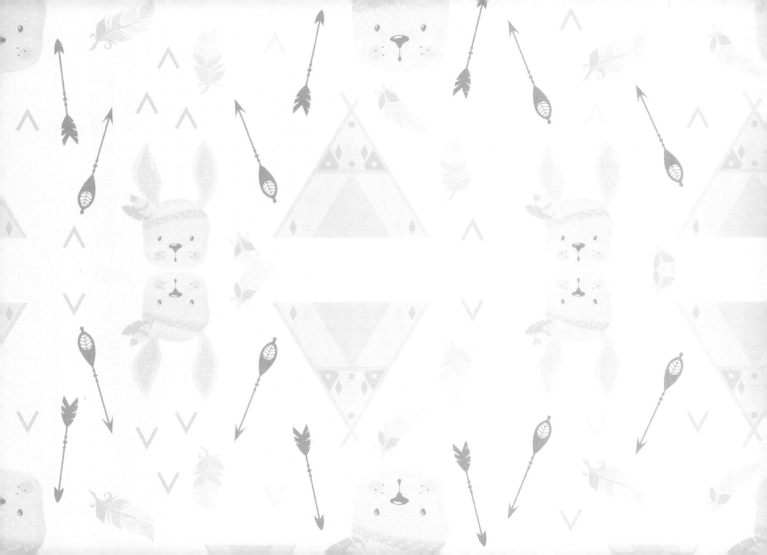

A coupon for

BABYSITTING

•••••••••❖••••••••

Offer is valid

from _____ *to* _____ .

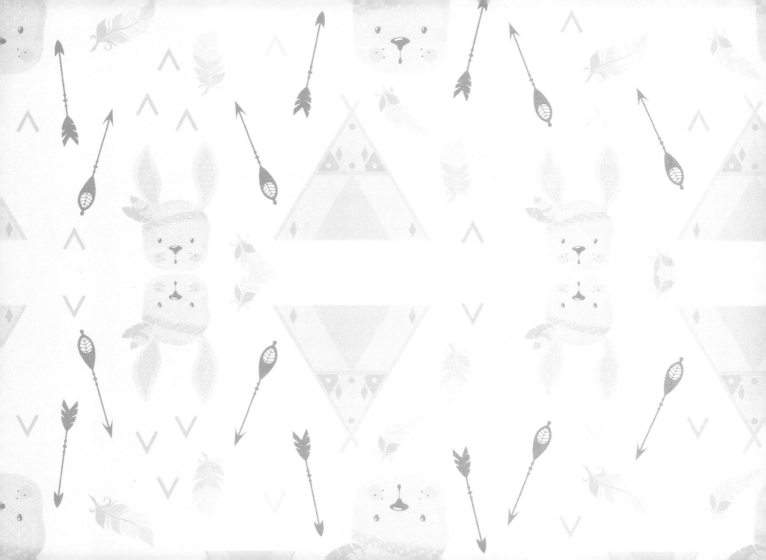

A coupon for

BABYSITTING

• • • • • • • • ❖ • • • • • • •

Offer is valid

from _____ *to* _____ .

A coupon for

BABY SITTING

•••••••• ❖ ••••••••

Offer is valid

from _____ to _____ .

A coupon for

BABYSITTING

Offer is valid

from _____ to _____ .

A coupon for
BABYSITTING
• • • • • • • • ✤ • • • • • •
Offer is valid

from _____ to _____ .

Printed in Great Britain
by Amazon